作者简介

刘文建，汉族，生于1984年，曾从事报纸、广告、教育培训等行业，几次自主创业，又从事房地产行业十多年。好读书，重情义，广结益友。

谨以此书，献给我最爱的可乐与小雨。

我儿子

内容介绍

本书主要从一位父亲的角度描述孩子的成长历程，让孩子充分体会到父母对其满满的爱，也希望借此唤起一些家长对孩子更深切的关注。此绘本适合3~9岁的孩子，更适合亲子共读。

一位忙碌的爸爸写给自己儿子的话

刘文建 / 编著

吉林出版集团股份有限公司

图书在版编目（CIP）数据

一位忙碌的爸爸写给自己儿子的话 / 刘文建编著
. — 长春 : 吉林出版集团股份有限公司 , 2019.5
ISBN 978-7-5581-7336-3

Ⅰ . ①一… Ⅱ . ①刘… Ⅲ . ①男性－儿童教育－家庭
教育 Ⅳ . ① G781

中国版本图书馆CIP数据核字(2019)第139985号

一位忙碌的爸爸写给自己儿子的话

编　　著	刘文建
责任编辑	齐　琳
封面设计	邢海燕
开　　本	787mm × 1092mm　1/16
字　　数	33.6千字
印　　张	1.75
版　　次	2019年8月第1版
印　　次	2019年8月第1次印刷
出　　版	吉林出版集团股份有限公司
电　　话	总编办：010—63109269
印　　刷	炫彩（天津）印刷有限责任公司

ISBN 978-7-5581-7336-3　　定价：48.00 元

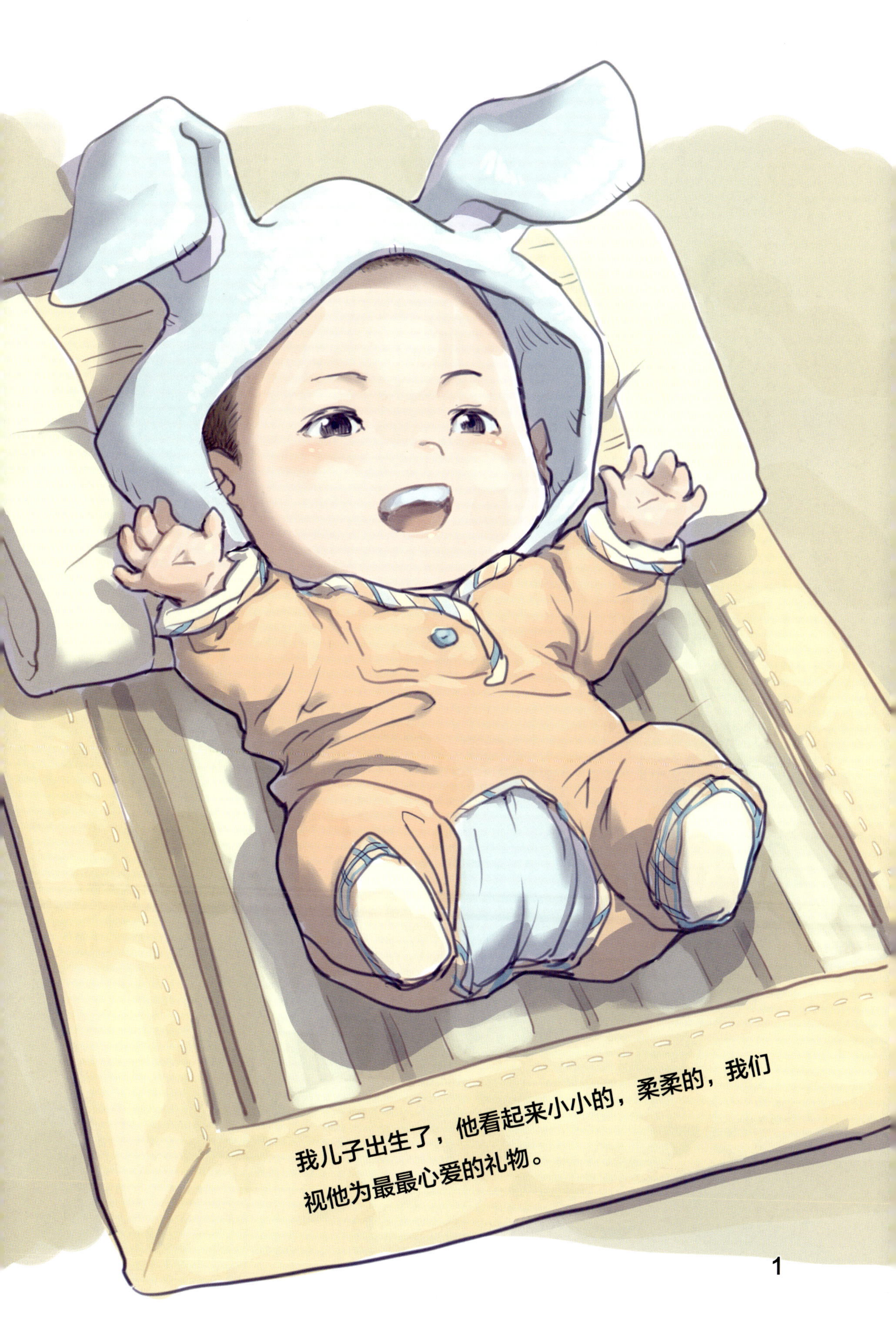

我儿子出生了，他看起来小小的，柔柔的，我们视他为最最心爱的礼物。

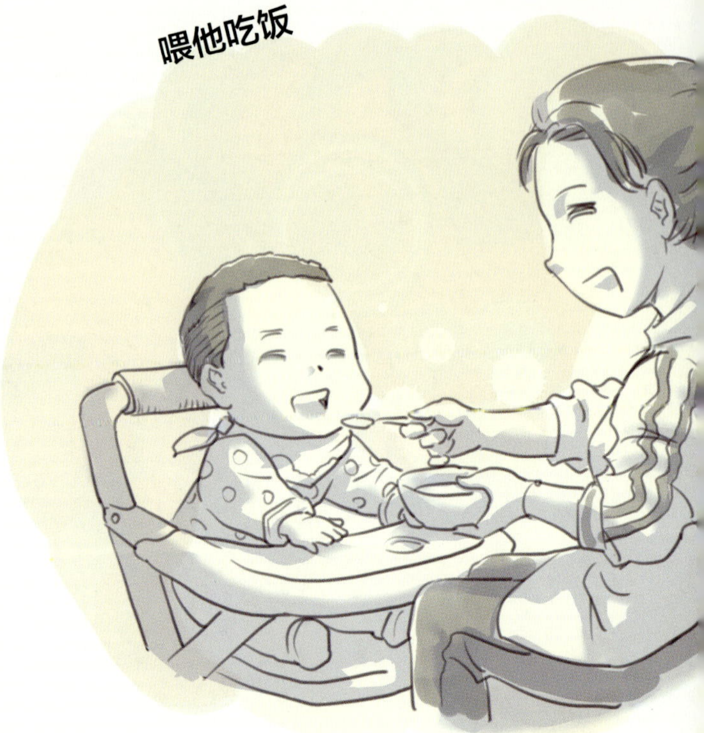

喂他吃饭

教他说话

给他洗澡

教他知识

我儿子会说话了，当他第一次开口

叫爸爸妈妈的时候。

我们的心瞬间被融化，感觉那是世界上最好听最好听的声音。

我儿子上幼儿园了，看着他背起书包蹦蹦跳跳走向幼儿园的背影。
幼儿园
我们的眼睛湿润了。

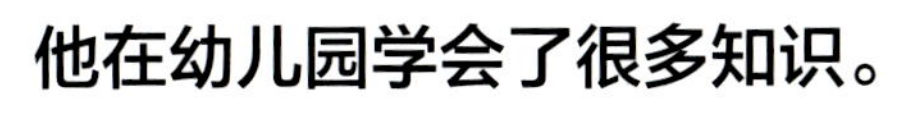

他在幼儿园学会了很多知识。

我们很开心很开心，
因为我们爱他。

我儿子很聪明，他会说：“爸爸，你是不是觉得
我的脑袋有一点点傻？”

“可是爸爸你想想，我的这个脑袋除了一点点傻，剩下的大部分都是聪明的哦”，我会看着他呵呵地笑。

有时候，我儿子也会做一些傻事。
他会对着严格要求他学习的妈妈大发脾气。

每当这个时候，我总会让他冷静下来。

我儿子总说自己是个小男子汉，
却总是一个人睡到半夜后因为怕黑，
悄悄地跑到爸爸妈妈的床上。

每当这个时候，我们会陪着他安静地睡到天亮。

因为我们爱他。

我儿子跑起来像兔子一样快。
有时候又像蜗牛一样慢。
他会把自己搞得像个小泥猴。

有时又会安静地画很多有意思的画。他画得真的很棒！

我儿子很棒，他会自己
主动做作业。

小小年纪就能爬上很高很高的山，甚至可以自己走很远很远的路。在我们心中，他真得很棒！

这就是我儿子。

我们辛辛苦苦养大的儿子。

我们爱他，不管他调皮还是捣蛋。

我们永远爱他！很爱很爱！

而且，他也爱我们！

很爱很爱!

后 记

上班十多年，做地产十多年，做爸爸八年多。

仔细想来，为了生活而奔波，每天工作十五六个小时，再除去走路吃饭睡觉上厕所的时间，和儿子共处的时间确实少得可怜。干地产可以上各种培训课，然后实践。做爸爸却不需要培训，可谓是直接上岗。而我却在大部分时候处于隐身状态。

说到此处，我特别特别感谢家人的辛苦付出，尤其是孩子妈妈。她像大多数父母一样，在孩子成长的过程中承担了太多太多。除此之外，她既要努力工作，又要鼓励我耐心前行。一路走来，实属不易。在此，特意表明我内心深处的感谢之意，你是一名非常合格的妻子，一位十分伟大的母亲。

儿子八岁多，和大多数男孩子一样，聪明伶俐惹人喜爱，淘气多动让人头疼。孩子妈妈一直怀疑他有多动症，我则是怀着一颗愧疚的心注意着儿子的一举一动。我坚信他生性如此，而且男孩子荷尔蒙较多，多动是一种正常的生长状态，我们应该用乐观的态度去看待这件事情。

说归说，有时在家难免大男子脾气上来，在他做错事又不认错的时候一顿揍，揍完后看着哭着睡着的他、没有因为揍而妥协的他，自己心里又是满满的愧疚。为此，我和孩子妈妈很长一段时间都在不停地探讨对于孩子的教育之道，上网查询、读书、找教育行业朋友聊天、和学校的老师沟通，如同在寻求灵丹妙药一般。

经过长时间地探寻与交流，我们发现，现在的孩子，你用强硬的手段去管理和教育，已经落伍了，唯有用爱与鼓励去引导，才能获得为人父母想要的一些结果。孩子终究是一张白纸，需要学习的是我们，作为他的领路人，未来的路还需要他自己走，我们能做的就是好好地爱他、多多地陪伴他。

回想儿子成长的岁月，我们与他相处的每一天，都让人充满惊喜。特写此文，愿天下所有的孩子都能健康成长。

儿子，愿你的未来多姿多彩，我和妈妈永远爱你。